BEI GRIN MACHT SICH IHR
WISSEN BEZAHLT

- Wir veröffentlichen Ihre Hausarbeit,
  Bachelor- und Masterarbeit

- Ihr eigenes eBook und Buch -
  weltweit in allen wichtigen Shops

- Verdienen Sie an jedem Verkauf

Jetzt bei www.GRIN.com hochladen
und kostenlos publizieren

Hakan Demir

Einbürgerung in Deutschland: Voraussetzung, Entwicklung, Fakten

GRIN Verlag

Bibliografische Information der Deutschen Nationalbibliothek:

Die Deutsche Bibliothek verzeichnet diese Publikation in der Deutschen National-
bibliografie; detaillierte bibliografische Daten sind im Internet über http://dnb.d-
nb.de/ abrufbar.

Dieses Werk sowie alle darin enthaltenen einzelnen Beiträge und Abbildungen
sind urheberrechtlich geschützt. Jede Verwertung, die nicht ausdrücklich vom
Urheberrechtsschutz zugelassen ist, bedarf der vorherigen Zustimmung des Verla-
ges. Das gilt insbesondere für Vervielfältigungen, Bearbeitungen, Übersetzungen,
Mikroverfilmungen, Auswertungen durch Datenbanken und für die Einspeicherung
und Verarbeitung in elektronische Systeme. Alle Rechte, auch die des auszugsweisen
Nachdrucks, der fotomechanischen Wiedergabe (einschließlich Mikrokopie) sowie
der Auswertung durch Datenbanken oder ähnliche Einrichtungen, vorbehalten.

Impressum:

Copyright © 2013 GRIN Verlag GmbH
Druck und Bindung: Books on Demand GmbH, Norderstedt Germany
ISBN: 978-3-656-57008-0

Dieses Buch bei GRIN:

http://www.grin.com/de/e-book/266570/einbuergerung-in-deutschland-voraussetzung-entwicklung-fakten

GRIN - Your knowledge has value

Der GRIN Verlag publiziert seit 1998 wissenschaftliche Arbeiten von Studenten, Hochschullehrern und anderen Akademikern als eBook und gedrucktes Buch. Die Verlagswebsite www.grin.com ist die ideale Plattform zur Veröffentlichung von Hausarbeiten, Abschlussarbeiten, wissenschaftlichen Aufsätzen, Dissertationen und Fachbüchern.

Besuchen Sie uns im Internet:

http://www.grin.com/

http://www.facebook.com/grincom

http://www.twitter.com/grin_com

FRIEDRICH - HECKER - SCHULE

Gewerbliche Schule • Sinsheim

2012/ 2013

`` Demokratie´´

Chancen und Risiken

EINBÜRGERUNG

GFS Geschichte/Gemeinschaftskunde

Klasse: TGTM J1/2

Angefertigt von:

Burak Doruk

Abgabetermin: 07. Januar 2013

Vortrag: 10. Januar 2013

Inhaltsverzeichnis

Inhaltsverzeichnis...I

1. Vorwort.. 1

2 .Einführung (Definition / ``kurze Vorraussetzung'')........................ 1

3. Rechtsnormen der Einbürgerung... 2

4. Datenquellen... 2

5. Einbürgerungszahlen und ihre Entwicklung................................... 3

6. Merkmale von Eingebürgerten... 3

7. Mehrstaatigkeit.. 4

    7.1 Doppelte Staatsangehörigkeit im Mikrozensus 2006............. 4

    7.2 Doppelte Staatsangehörigkeit durch Einbürgerung............ 4

    7.3 ``Optionskinder''...5

8. Einbürgerungsabsichten von Ausländern.....................................5

9. Annahmen und Überzeugungen..6

10. Ausblick und Fazit...6

11. Anhang...7/8

12. Literaturangaben.. 9

1. Vorwort

Diese GFS behandelt das Thema ``Einbürgerung´´´´. Ich möchte dabei während meiner GFS auf die Voraussetzung, Entwicklung sowie auf Fakten eingehen. Weitere Aspekte dieser GFS werden die Annahmen und Überzeugungen sein. Dadurch möchte ich mit dieser GFS einen kurzen Überblick über das Thema ``Einbürgerung´´ ermöglichen.

2. Definition & ``kurze´´ Vorraussetzung

(…) Wenn man einem Ausländer oder einer Ausländerin eines Landes das Recht gibt, fortan als Staatsbürger zu gelten und auch solche Rechte zu genießen, (dann spricht man von einer Einbürgerung.)
Das bedeutet so viel wie, dass sie die rechtliche Gleichsetzung zu anderen Staatsbürgern haben.
(…) (Es gehen damit) die Aufhebung von Aufenthaltsbeschränkungen oder Beschränkungen der Arbeitserlaubnis einher. Außerdem verfällt die alte Staatsbürgerschaft, außer man stellt einen um beide Staatbürgerschaften bewahren zu wollen, wobei hier beide Konsulate zustimmen müssen.
Es sind jedoch gewisse Voraussetzungen für die Einbürgerung zu erfüllen. Man braucht zumal einen genehmigten Daueraufenthalt im Land. Außerdem muss man je nach Land einen bestimmten Inlandaufenthalt nachweisen können.
(…) Zudem darf man nicht vorbestraft sein und in manchen Ländern darf auch keine doppelte Staatsbürgerschaft besitzen werden, sprich: Mehrstaatigkeit, also mehre Staatsbürgerschaften verschiedener Länder (das ist z.B. in Deutschland eine Voraussetzung). [1]
(…) Es muss der Politik und dem Rechtswesen des Staates zugestimmt werden und (eine gewisse Mächtigkeit der Landessprache ist erforderlich) (hierfür gibt es meist Tests im Bereich der Sprachkenntnisse). Auch müssen Sie das Rechtswesen in ihren Grundzügen kennen. Für eine Einbürgerung ist auch ein Entgelt zu entrichten (in Deutschland sind das 255 und für jedes mit eingobürgerte minderjährige Kind ohne eigenem Einkommen zusätzliche 51). [2]

---

[1] http://www.bundesauslaenderbeauftragte.de/definition-einbuergerung.html am 21.12.2012

[2] http://www.bamf.de/DE/Einbuergerung/InDeutschland/indeutschland-node.html am 22.12.2012

[2] vgl. http://politik.germanblogs.de/?s=einb%C3%BCrgerung&x=0&y=0 am 22.12.2012

3. Rechtsnormen der Einbürgerung

Die deutsche Staatsbürgerschaft kann durch verschiedene bedienungen erworben werden, dies wäre unter anderem durch die Bescheinigung des Spätaussiedlerstatus, durch die Geburt oder durch Einbürgerung. Ab dem 16. Lebensjahr konnten Ausländer/innen die Staatsbürgerschaft selbst beantragen. Es besitzen seit der Reform des Staatsangehörigkeitsrechts im Jahr 2000 Personen, die seit mindestens acht Jahren rechtmäßig ihren gewöhnlichen Aufenthalt in Deutschland haben, einen Anspruch auf Einbürgerung, wenn sie bestimmte Voraussetzungen Erfüllt haben (§ 10 Abs. 1 StAG).[3]

Der Einbürgerungswillige muss so unter anderem zur freiheitlich-demokratischen Grundordnung bekennen und erklären, dass er keine Bestrebungen unterstützt oder verfolgt, die gegen diese Grundordnung gerichtet sind. Auch zu erwähnen ist, dass er einen auf Dauer angelegten Aufenthaltsstatus besitzen muss, in dem er Lebensunterhalt für sich und seine Familienangehörigen ohne Inanspruchnahme von Sozialleistungen bestreiten können, seine bisherige Staatsangehörigkeit aufgeben und darf nicht strafrechtlich verurteilt worden sein. Schließlich muss er über ausreichende deutsche Sprachkenntnisse (Niveau B1 des Gemeinsamen Europäischen Referenzrahmens für Sprache – GER –) sowie ab 01.09.2008 auch über Kenntnisse der Rechts- und Gesellschaftsordnung und der Lebensverhältnisse in Deutschland verfügen.

4. Datenquellen

Durch die jährliche Einbürgerungsstatistik wird das Einbürgerungsgeschehen in Deutschland abgebildet. Die Erhebungen erfassen für jede eingebürgerte Person folgende Merkmale: Geburtsjahr, Geschlecht, Familienstand, Wohnort zum Zeitpunkt der Einbürgerung, Aufenthaltsdauer im Bundesgebiet, Rechtsgrundlage der Einbürgerung, bisherige Staatsangehörigkeiten und deren eventueller Fortbestand (§ 36 Abs. 2 StAG). Die Daten werden seitens der kommunalen oder regionalen Einbürgerungsbehörden an die zuständigen Statistischen Landesämter übermittelt. Das Statistische Bundesamt veröffentlicht dann die für das gesamte Bundesgebiet zusammengefassten Daten in einer Fachserie, die sich auf das jeweils vorhergehende Jahr bezieht (zuletzt Statistisches Bundesamt 2008c).[4]

[3,4] vgl. http://www.bamf.de/SharedDocs/Anlagen/DE/Publikationen/WorkingPapers/wp17-einbuergerung.pdf?__blob=publicationFile am 24.12.2012 Rechtsnormen der Einbürgerung

5. Einbürgerungszahlen und ihr Entwicklung

(siehe Anhang 1) Auf der amtlichen Statistik sind Einbürgerungen von Ausländern in Deutschland ab dem Jahr 2000 zu sehen, zunächst die Gesamtzahlen.

Die Einbürgerungszahlen erreichten im Jahr 2000, als das neue Staatsangehörigkeitsrecht in Kraft trat, einen Höchststand von ca. 186.000 Personen. Anschließend war ein kontinuierlicher Rückgang bis auf 117.000 im Jahr 2005 zu verzeichnen. Im Jahr 2006 wurde wieder ein leichter Anstieg auf 125.000 Einbürgerungen registriert, 2007 jedoch ein erneuter Rückgang auf 113.000. Insgesamt erwarben damit seit dem In-Kraft-Treten des Staatsangehörigkeitsgesetzes (StAG) über 1,1 Millionen Ausländerinnen und Ausländer einen deutschen Pass.[5]

6. Merkmale von Eingebürgerten

Es stehen zwei Wege offen, um die Zahl aller aktuell in Deutschland lebenden Menschen zu ermitteln, die den deutschen Pass durch die Einbürgerung erhalten. Dies wäre zumal, eine Addition der jährlichen Einbürgerungszahlen oder ein Rückgriff auf den Mikrozensus 2006, der Bestandsangaben enthält. Die Gesamtzahl der Einbürgerungen in Deutschland zwischen 1981 und 2006 betrug rund 3,7 Millionen (Statistisches Bundesamt 2008). Diese Zahl enthält bis einschließlich 1999 sowohl die Einbürgerungen von Ausländern als auch von Aussiedlern bzw. Spätaussiedlern. Jedoch ist zu bedenken, dass eingebürgerte Personen sterben oder aus Deutschland fortziehen können. Auch kann die deutsche Staatsangehörigkeit unter bestimmten Umständen wieder verloren gehen, beispielsweise beim (Wieder-)Erwerb einer ausländischen Staatsangehörigkeit (§ 25 StAG). Eine Obergrenze des Bestanden ergibt die Addition der Einbürgerungszahlen einzelner Jahre. Die tatsächliche Zahl liegt auf jeden Fall darunter.[6]

---

[5] vgl. http://offenedaten.de/dataset/destatis-statistik-12511 am 25.12.2012

[6] vgl. http://www.bamf.de/SharedDocs/Anlagen/DE/Publikationen/WorkingPapers/wp17-einbuergerung.pdf?__blob=publicationFile am 27.12.2012

7. Mehrstaatigkeit

Das Thema der doppelten bzw. mehrfachen Staatsangehörigkeit spielt in Deutschland eine große Rolle Im integrationspolitischen Diskurs. Allerdings existieren keine verlässlichen Zahlen dazu, wie viele Menschen insgesamt zwei oder mehr Pässe besitzen[7] (siehe Anhang 3). Es gibt eine ganze Reihe von Personengruppen, bei denen aus unterschiedlichen Konstellationen heraus mehr als eine Staatsangehörigkeit vorhanden ist.

7.1 Doppelte Staatsangehörigkeit im Mikrozensus 2006

Der Mikrozensus 2006 weist die Zahl der Personen mit doppelter Staatsangehörigkeit in Deutschland mit rund 1,2 Millionen Menschen aus. Dies entspricht 1,4 % der Gesamtbevölkerung; bei den Personen mit Migrationshintergrund beträgt der Anteil der Doppelstaatler 7,1 % (Statistisches Bundesamt 2008b: 128ff.). „Doppelte Staatsangehörigkeit" kann dabei bedeuten, dass die jeweilige Person die deutsche und mindestens eine ausländische Staatsangehörigkeit oder zwei ausländische Staatsangehörigkeiten besitzt.[8] Die zuerst genannte Kategorie stellt nach den Zahlen des Mikrozensus mit über 1,1 Millionen Personen rund 95 % der Doppelstaatler in Deutschland. Nur rund 5 % besitzen hingegen zwei ausländische Staatsangehörigkeiten.

7.2 Doppelte Staatsangehörigkeit durch Einbürgerung

Das in Deutschland seit dem Jahr 2000 geltende Staatsangehörigkeitsrecht hat die Ausnahmefälle vom Grundsatz der Vermeidung von Mehrstaatigkeit bei der Einbürgerung konkretisiert und erweitert. Eine Studie besagt, dass es von 2000 bis 2007 insgesamt 524.712 Einbürgerungen mit fortbestehender bisheriger Staatsangehörigkeit gab. Dies entspricht 45,9 % der rund 1,1 Millionen Einbürgerungen in diesem Zeitraum, also eine beträchtliche Größenordung. In den Jahren 2006 und 2007 waren bereits über die Hälfte der Einbürgerungen solche mit fortbestehender bisheriger Staatsangehörigkeit des Antragstellers.[9]

---

[7] vgl. http://www.einbuergerungstest.biz/einbuergerung-allgemein/doppelte-staatsbuergerschaft am 29.12.2012

[8, 9] http://www.bamf.de/SharedDocs/Anlagen/DE/Publikationen/WorkingPapers/wp17-einbuergerung.pdf?__blob=publicationFile am 30.12.2012

7.3 ``Optionskinder´´

Es sind bei den „Optionskindern", die neben der oder den ausländischen Staatsangehörigkeit(en) ihrer Eltern zusätzlich die deutsche Staatsangehörigkeit erhalten, sind zwei Fallkonstellationen zu unterscheiden. Ab dem 01.01.2000 neugeborene Kinder bekommen beim Vorliegen bestimmter Voraussetzungen die deutsche Staatsangehörigkeit (gemäß § 4 Abs. 3 Satz 1 StAG) bei der Geburt. Diese Fälle gehen damit auch nicht in die Einbürgerungsstatistik, sondern in die Statistik der natürlichen Bevölkerungsbewegung ein. Von 2000 bis 2007 wurden auf diesem Wege rund 306.000 Neugeborene zu Mehrfachstaatern. Die Optionsregelung, nach der sich diese Kinder für eine Staatsangehörigkeit entscheiden müssen, greift hier jedoch frühestens im Jahr 2018, wenn die ersten rund 41.000 Betroffenen (der Geburtsjahrgang 2000) volljährig werden. [10]

Eine Aussage darüber, welche ausländische Staatsangehörigkeit diese „Optionskinder" zusätzlich zur deutschen besitzen bzw. aus welche Ländern ihre Eltern stammen, ist bei dieser Personengruppe nicht möglich.

8. Einbürgerungsabsichten von Ausländern

In Deutschland ist von einer beträchtlichen Diskrepanz zwischen dem Einbürgerungspotenzial (Ausländer, welche die Voraussetzungen zur Einbürgerung erfüllen) und der Zahl der tatsächlichen Einbürgerungen auszugehen. So wiesen Ende 2007 rund 4,6 Millionen der im Ausländerzentralregister erfassten aufhältigen Ausländer die erforderliche Mindestaufenthaltsdauer von acht Jahren für eine Anspruchseinbürgerung nach § 10 Abs. 1 StAG auf. Dies waren rund 68 % aller Ausländer.Im gesamten Bundesgebiet betrug die Einbürgerungs-quote für das Jahr 2007 1,67, d.h. bezogen auf den Ausländerbestand in Deutschland ließen sich weniger als zwei Prozent einbürgern.In diesem Abschnitt soll deshalb betrachtet werden, was über die Einbürgerungsabsicht von Ausländern und ihre Motive für und gegen die Beantragung des deutschen Passes bekannt ist. [11]

[10´11] vgl. http://www.wider-den-optionszwang.de/dl/Flyer_Optionspflicht_fuer_Betroffene.pdf am 30.12.2012

9. Annahmen und Überzeugungen

Während in den bisherigen Kapiteln die eingebürgerten bzw. einbürgerungswilligen Ausländer in Deutschland im Zentrum der Betrachtung standen, sollen nun ergänzend dazu die Einstellungen der deutschen Bevölkerung zu dieser Thematik untersucht werden. In der Allgemeinen Bevölkerungsumfrage der Sozialwissenschaften (ALLBUS) wurde in den Jahren 1996 und 2006 auch erhoben, welche Eigenschaften von Ausländern bei der Vergabe der deutschen Staatsbürgerschaft eine Rolle spielen sollten.[12] Die Befragten wurden dazu gebeten, jedes der folgenden Kriterien auf einer siebenstufigen Skala (von „überhaupt nicht wichtig" bis „sehr wichtig") zu bewerten:

- Ob die Person (gemeint ist ein einbürgerungswilliger Ausländer) in Deutschland geboren ist
- Ob die Person für ihren Lebensunterhalt selbst aufkommen kann
- Ob die Person deutscher Abstammung ist
- Ob die Person sich zur freiheitlich-demokratischen Grundordnung bekennt
- Ob die Person Straftaten begangen hat
- Ob die Person die deutsche Sprache beherrscht
- Ob die Person lange Zeit in Deutschland gelebt hat
- Ob die Person bereit ist, sich an den Lebensstil der Deutschen anzupassen
- Ob die Person einer christlichen Kirche angehört

10. Ausblick und Fazit

Das Einbürgerung von Ausländerinnen und Ausländern in Deutschland war seit dem Jahr 2000 durch wesentliche gesetzliche Änderungen geprägt und dadurch auch immer wieder Gegenstand des politischen und öffentlichen Diskurses. Im Jahr 2008 steht die Thematik mit dem Eintritt der ersten „Optionskinder" in die Volljährigkeit und der damit einsetzenden Optionspflicht, sowie mit der anstehenden Einführung von bundesweiten Einbürgerungstests erneut auf der politischen Agenda.[13]

---

[12] vgl .http://www.jusmeum.de/urteil/vg_berlin/b4f790d150e74e0d641cedea534c7cc9e9dae5df31e
759aa69d107974a380efc?page=6 am 01.12.2013

[13] vgl. http://www.bundesauslaenderbeauftragte.de/einbuergerung.html am 01.12.2013

11. Anhang

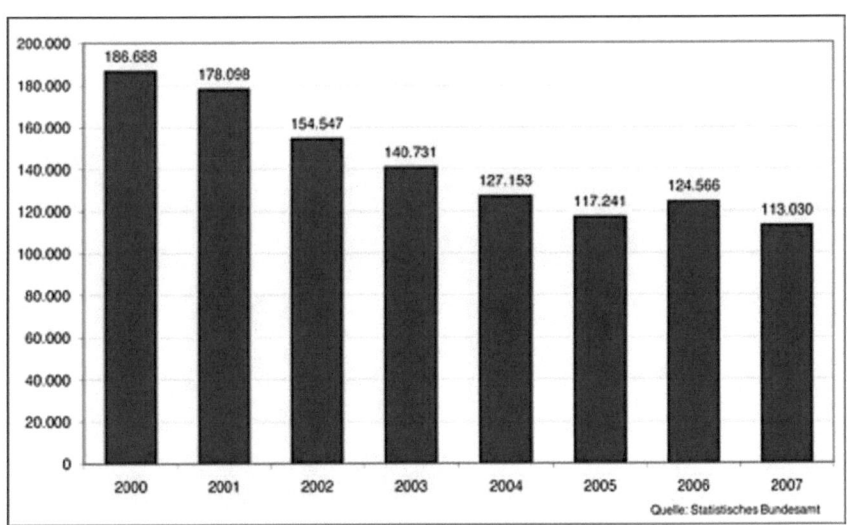

1. Einbürgerungszahlen und ihr Entwicklung

Quelle: http://www.mpg.de/450468/zoom.jpeg am 25.12.2012

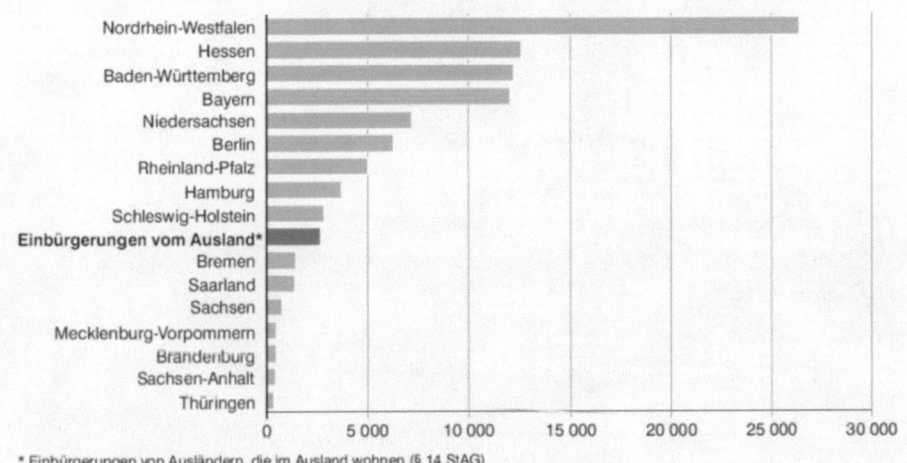

2. Einbürgerung in Deuschland 2009 nach Bundesländern

Quelle: https://www.statistik.bayern.de/medien/statistik/StatistikdesMonats/einbuergerung
en_bundeslaender_780.png am 30.12.2012

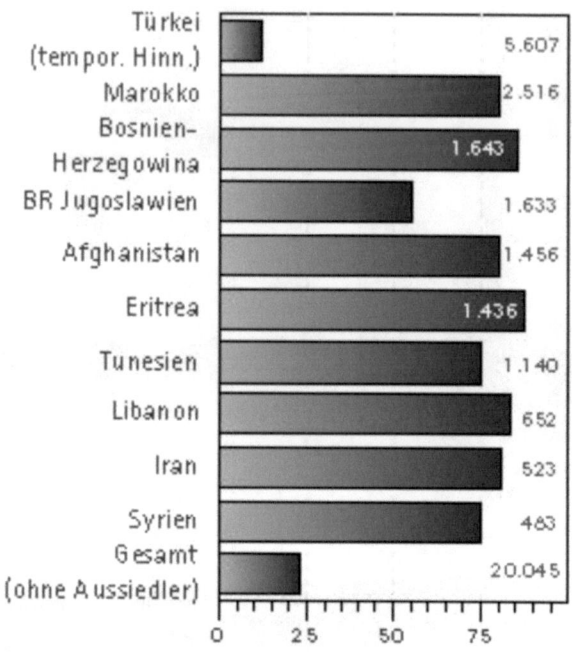

Einbürgerungen unter Hinnahme von Mehrstaatigkeit, 1996

Türkei (tempor. Hinn.)	5.607
Marokko	2.516
Bosnien-Herzegowina	1.643
BR Jugoslawien	1.633
Afghanistan	1.456
Eritrea	1.436
Tunesien	1.140
Libanon	652
Iran	523
Syrien	483
Gesamt (ohne Aussiedler)	20.045

Hinnahme von Mehrstaatigkeit
in % aller Einbürgerungen

Daten: Statistisches Bundesamt   ® Ulrich 1998

3. Einbürgerungen unter Hinnahme von Mehrstaatigkeit, 1996
Quelle: http://www.migration-info.de/migration_und_bevoelkerung/artikel/980402.gif
am 29.12.2012

12. Literaturangaben

- http://offenedaten.de/dataset/destatis-statistik-12511
(25.12.2012) – Einbürgerungsstatistik

- http://www.bundesauslaenderbeauftragte.de/definition-einbuergerung.html
(21.12.2012) – Die Bundesländerbeauftragte

- http://www.bamf.de/DE/Einbuergerung/InDeutschland/indeutschland-node.html
(22.12.2012) – Einbürgerung in Deutschland

- http://politik.germanblogs.de/?s=einb%C3%BCrgerung&x=0&y=0
(22.12.2012) – Aktuelles

- http://www.wider-den-optionszwang.de/dl/Flyer_Optionspflicht_fuer_Betroffene.pdf
(30.12.2012) – Deutsche nur auf Zeit ?

http://www.jusmeum.de/urteil/vg_berlin/b4f790d150e74e0d641cedea534c7cc9e9d
ae5df31e759aa69d107974a380efc?page=6
(01.12.2013) - Ausländer Begründung des Urteils Botschaft

- http://www.youtube.com/watch?v=gVfN-6HnED8
(20.12.2012) – Infofilm zur Einbürgerung in die deutsche Gesellschaft
von Thomas Binn

- http://www.youtube.com/watch?v=noD7Zo22cYU
(21.12.2012) – Deutsch werden, der lange Weg zur Einbürgerung ½

- http://www.youtube.com/watch?v=Qz53L4XUwp4
(21.12.2012) – Endlich Deutsch, der lange Weg zur Einbürgerung 2/2